LES SAVOYARDES,

OU

LA CONTINENCE DE BAYARD,

COMÉDIE,

EN UN ACTE, EN PROSE, MÊLÉE D'ARIETTES,

PAR M. DE PIIS,

Musique de M. DE PROPIAC,

Représentée pour la premiere fois par les Comédiens Italiens ordinaires du Roi, le 30 Mai 1789.

A PARIS,

Chez BRUNET, Libraire, rue de Marivaux, près le Théâtre Italien.

1789.

PERSONNAGES.

BAYARD. — M. Philippe.

PETIT-JEAN, Page de Bayard. — Mlle. Carline.

OGIER, ÉLOI, } Soldats. — MM. Chenard & Trial.

AUTRES SOLDATS, Personnages muets.

MAURICE, Savoyard. — M. Michu.

VICTOR, petit Savoyard. — M. le Fevre, jeune.

CRISTINE, mere de Charlotte, & grand'mere de Victor. — Mme. Gonthier.

CHARLOTTTE, fille de Christine. — Mlle. Lescot.

CAROLINE, fille de Christine, & mere de Victor. — Mlle. Desbrosses.

JEANNETTE, fille de Charlotte. — Mme. Crétu.

THÉRESE, Sœur de Maurice. — Mme. de Saint-Aubin.

BÉATRIX, grand'mere de Maurice. — Mme. la Caille.

AUTRES SAVOYARDES, vieilles & jeunes.

La Scene est dans un hameau de Savoye, peu distant de Grenoble.

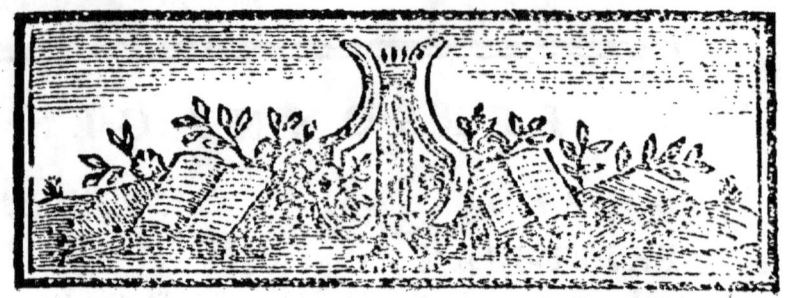

LES SAVOYARDES

OU

LA CONTINENCE DE BAYARD,

COMÉDIE.

La scene représente de très-hautes montagnes dans le fond, & sur le devant, l'intérieur d'un hameau; on doit distinguer une grange.

SCENE PREMIERE.

CHRISTINE, CHARLOTTE, CAROLINE, THÉRESE, VICTOR, autres Savoyardes.

CHRISTINE, *pleurant.*

Non, je n'pouvons pas me faire à l'idée que je serons tant de tems sans revoir mon petit-fils! Le pauvre enfant! j'aurons du moins le plaisir de

A

lui faire préfent de ce qui lui eft le plus nécef-
faire pour le commerce où il va entrer.

(*Elle lui donne une petite fillette.*)

CHARLOTTE.

J'ferons ben aife itou d'y joindre pour ma part
les uftenfiles qui en dépendent. (*A part.*) J' n'avons
jamais vu un enfant auffi réfolu que mon neveu.

VICTOR.

Vous l'avais dit : réfolu à partir.

CAROLINE *à Charlotte*.

Mongnieu ! mongnieu ! faut-il que ma bonne
mere Chriftine aye fi befoin de nos foins réunis !
mon fils n'irait pas tout feul à Paris. Vous m'dirais :
y n'y va pas feul, puifque c'eft Maurice qui l'em-
mené.

THERESE.

A fix ans, faire deux cents lieues !

VICTOR.

Et deux cents pour revenir, ça fait quatre.
Quoi qu'ceft qu'ça vous fait donc Mamfell ? Si
j'ons de petites jambes, eh ben, ça me les grandira.

CAROLINE, *en lui paffant fon havre-fac fur les épaules.*

Mais dis-moi donc m'nenfant, c'qui t'baille tant
d'courage & tant d'envie de partir drès c'te année.

COMÉDIE.

VICTOR.

Eh mais, ma mere, c'est qu'j'ons vu Maurice rapportai d'Paris tout plein d'argent à sa bonne maman Béatrix, & qu'i m'tarde comme tout de t'en rapporter ded'même.

CHARLOTTE.

C'est à merveille, mon n'veu, mais Maurice est avancé; Maurice fait lire, écrire & compter; & c'qu'il y a d'mieux, c'est qu'i fait la musique comme celui qui l'a inventée.

VICTOR.

Je n'savons ni lire ni écrire, & ça m'fâche, parce que je n'pourrons pas quand j'serons à Paris, demander des nouvelles de ma grand-maman, de maman, de ma tante & d'tout le village.

CHRISTINE.

Encore faudrai-ti q'tu susses compter !

VICTOR.

Oh! pour le négoce que j'entreprends, le travail se fait d'une main & le gain se compte de l'autre; quant à c'qui est d'la musique, quoique je n'sache pas encore jouer du triangle, j'savons sans y manquai la chanson qu'ma tante m'a apprise.

CHRISTINE

Chante-nous ça, chante-nous ça.

VICTOR (*confidemment à Charlotte & à Caroline*).
Air connu.

Je vends des fines éguilles,
Pour les femmes, pour les filles,
Mais les vieilles n'en auront pas;
Ramonez-ci, ramonez-là,
  Là, là, là,
La cheminée du haut en bas.

J'portons des lettres ben gentilles
Aux femmes, ainsi qu'aux filles,
Mais les vieilles n'en auront pas;
Ramonez-ci, ramonez-là,
  Là, là, là,
La cheminée du haut en bas.

CHRISTINE.

Acoute Victor, maugrai q'tu dises du mal des vieilles, j'allons te prouver que je n't'en voulons pas, en t'donnant.....

VICTOR (*avec un empressement intéressé*).

Donnai, maman, donnai.

CHRISTINE.

En t'donnant un bon conseil! Drès q't'auras affaire à queuq'un, pour ce qui regarde ton petit commerce, faudra toujours l'appellai mon gentilhomme, monsieur le comte, monsieur le baron, & s'il est ben brave sur lui, pas moins que mon prince.

VICTOR.

Eh! mais, ma bonne maman, si j'm'e trompe?

COMÉDIE.

Christine.

Va, va, m'nenfant, si ça n'fait pas d'bien, ça n'fait pas d'mal. La vanité fait tout sur la plupart des hommes; ils se fâchent rarement qu'on leur suppose des qualités; ils ne pardonnent jamais qu'on leur en retranche.

SCENE II.

LES PRÉCÉDENS, THERESE, MAURICE.

Christine.

Ah! à la parfin, vous v'là donc vous autres?

Maurice.

Eh! oui, me v'là.

Therese.

C'est singulier, comme le p'tit Victor n'a pas d'cesse qu'i' n'soit en route, & comm' mon frere, qui est le double plus grand, s'fait tirer l'oreille pour s'en aller.

Maurice.

Eh ben donc, ma sœur, vous trouvais ça surprenant? j'savons que ben du monde est parti d'hier, mais est-c'que Michel n'est pas parti ce matin, au grand regret de fa femme Charlotte ? eft-c'que je ne pouvions pas auffi retardai not' voyage d'eune journée ? eft-c'que j'nons pas le p'tit Victor à menai ? eft-c'que avec lui j'pouvons fuivre les autres ? & puis, eft-c'qu'i n'eft pas ben naturel que j'reftions le plus que j'pourrons auprès de not' femme ?

JEANNETTE.

Eh ! mais tu n'es pas encor not' mari.

MAURICE.

Monguieu, j'favons ça itou, mais tes parens en font d'accord, v'là déja queuque chofe ; j'fommes d'accord auffi, v'là encore queuque chofe, & au printems prochain, quand j'pourrons joindre encore à ça queuque chofe de réel & de comptant, ça s'ra conclu que d'refte.

CHARLOTTE.

Ah çà, tu m'as promis, fi tu rejoignais mon mari en route, d'l'i rappellai qu'i s'eft engagé à m'faire écrire, ainfi qu'à fa fille Jeannette.

CHRISTINE.

Ah, çà, tu m'as promis auffi que fi Victor étoit gentil garçon en voyage, tu l'pousserois tout d'fuite, en arrivant dans la grand'ville.

MAURICE.

Oh ! de ça, j'vous promettons qu' j'aurons foin de lui, ni plus ni moins qu'fi c'étoit mon fils ;

COMÉDIE.

je l'mettrons à même, dès que j'ferons entrés dans Paris, d'n'avoir pas besoin de not' assistance.

CAROLINE.

Comment qu'tu contes t'y prendre?

MAURICE.

C'ment? c'est tout simple, je n'ferons pas plutôt passé les barrieres, que je l'planterons au coin d'une rue, tout seul, pour qu'il se tire mieux d'affaire; ça n'sera pas mal débuté.

CAROLINE.

Mais monguieu, Maurice, j'imaginois que toi, qui joues de l'orgue sous les fenêtres du Roi & d'tant d'grandes Dames d'la Cour, tu pourrois l'placer mieux qu'ça.

MAURICE.

Mieux qu'ça, Caroline! i' n'peut pas mieux faire que d'commencer comme avoit commencé défunt vot' mari, comme a commencé l'mari d'Charlotte, comme j'avons commencé nous mêmes, & comme j'commençons tretous dans not' pays; mais faut qu'il achete ça par le travail; i' n'sera pas plus malade que moi.

MAURICE.

J' pardis pere & mere en bas âge,
Mais, sans perdre l'espoir pour ça,
Un beau matin je pars du village,
Voilà que dans Paris me v'là;
J'fais c'qu'i va faire, dam' c'est l'usage;

LES SAVOYARDES,

        Bientôt, pour gagner davantage,
        Je monte à l'emploi de ramonage.
        Oh! oh! ah! ah! oh! oh! ah! ah!

Bis,   Y a, drès que l'pauvre aime l'ouvrage,
en   Eune voix qui lui dit: courage,
chœur. Aide-toi, le ciel t'aidera.

        De montrer l'ours je me fis fête,
        Quand je devins deux fois plus grand;
        Mais j'm'apperçus qu'j'étois une bête
        D'en montrer eun' qui mangeoit tant;
        J'n'eus qu'une marmote, & l'on devine
        Qu'ça fut tout gain d'montrer sa mine;
        Ça dort six mois, & qui dort dîne.
        Oh! oh! ah! ah! oh! oh! ah! ah!

Bis,   Y a, drès que l'pauvre aime l'ouvrage,
en   Eune voix qui lui dit: courage,
chœur. Aide-toi, le ciel t'aidera

        J'voulus jouer d'la flûte & d'la vielle,
        Mais faut être trop savant pour ça;
        I' restoit l'orgue à manivelle,
        J'étois né pour c'tinstrument-là,
        J'y sommes fort d'eune maniere unique;
        Et d'pis qu'du roi j'ons la pratique,
        J'entreprends la lanterne magique.
        Oh! oh! ah! ah! oh! oh! ah! ah!

Bis,   Y a, drès que l'pauvre aime l'ouvrage,
en   Eune voix qui lui dit: courage,
chœur. Aide-toi, le ciel t'aidera. (*Il prend Victor par la main*).

VICTOR.

Adieu maman, adieu ma grand'maman, adieu tout l'monde.

COMÉDIE.

CHRISTINE.

C'eſt plus fort que moi d'ja, je n'pouvons pas m'réſoudre à le voir partir, & j'rentrons tout exprès..... Adieu, Maurice?

MAURICE.

Eh quoi! la maman, vous n'venez pas nous reconduire un p'tit bout d'chemin.

CHRISTINE.

Ça n'ſe peut pas, ça n'ſe peut pas. C'eſt affaire aux jeuneſſes, qui ont de bonnes jambes, de grimper là-haut; mais pour moi, qui n'ſommes pas ſûre de te r'voir au printems prochain, j'ons le double de triſteſſe, & ça m'empêche de marcher. J'reſterons à conſoler ta grand'mere.

MAURICE.

Adieu..... adieu..... Si j'faiſons c't'année un hiver auſſi bon qu'l'année derniere; j'n'attendrons pas à not' retour pour vous bailler d'nos nouvelles. Adieu, Jeannette..... j'eſpere qu'on s'embraſſe en ſe quittant.

JEANNETTE, (*allant pour l'embraſſer.*)

Bien mieux encore quand on ſe r'voit : mais non puiſque j'allons te r'conduire juſques-là, j'tembraſſerons quand j'y ſerons arrivés, ça f'roit deux baiſers pour un.

MAURICE, (*l'embraſſant*).

Eh ben! s't'ici ça s'ra d'cérémonie, garde-moi

l'autre pour l'moment où j'nous féparerons, j'm'en fouviendrons tout le long de la route.

(*Elles s'éloignent en le reconduifant.*)

SCENE III.

CHRISTINE ET BÉATRIX.

CHRISTINE.

C'est un ben brav'garçon que c'Maurice. Il n'a des yeux q'pour vous.

BÉATRIX, *l'interrompant.*

Et pour vot' petite fille Jeannette. Oh! de ça, c'eft ben naturel, ça s'ra un couple ben afforti.

CHRISTINE.

Il y a tout plein de vieilles femmes qui ne trouvent jamais bien que les jeunes gens s'amufent; y en a tout plein qui difent que l'monde va d'mal en pis, je n'fommes pas de s't'avis là nous autres, j'trouvons q'Jeannette eft plus jolie que j'n'avons jamais été ; j'trouvons q'Maurice eft plus biau que n'étoit fon pauvre pere, & j'paririons qu'un jour l'p'tit Victor s'ra encore plus gentil qu'eux tous.

COMÉDIE.

BÉATRIX.

Tiens, tiens, Chriſtine, leve-donc la tête ſi tu peux de c'côté-là. Les vois-tu? les v'là qui paſſent là-haut, les vois-tu qui nous font ſigne?

(*Elles font des adieux muets, tandis que l'on voit ceux de Maurice, de Jeannette, de Caroline & de Victor*).

Vas, vas; j'penſe qui n'ont pas été fâchés que nous n'puiſſions pas les reconduire ſi loin. Tiens, Chriſtine, quand j'étois jeune & q'mon mari n'étoit encore que mon amant, j'n'étois pas ben aiſe qu'on fût toujours ſur mes pas....

CHRISTINE.

Tais-toi donc Béatrix, ne parlons pas d'ces choſes-là.... V'là nos enfans qui redeſcendent; allons leur préparer à déjeûner.

(*Elles rentrent toutes deux*).

SCENE IV

CHARLOTTE, CAROLINE, THERESE, JEANNETTE.

CHARLOTTE.

Eh ben, vous v'là aujourd'hui comme j'étois hier... pourvu qu'ils ne tardent pas à rejoindre Michel!... Mon pauvre Michel, il s'ennuieroit ſeul en route.

LES SAVOYARDES,

JEANNETTE, pleurant

Oh ! vraiment, chacune de nous a sa peine.

QUATUOR.

CAROLINE.

Etre six mois sans mon fils !

THERESE.

Sans mon frere !

JEANNETTE.

Sans mon amant !

CHARLOTTE.

Sans mon époux !

TOUS ENSEMBLE.

Oh ! dam' c'est moi, voyez-vous,
Dont la douleur est plus amere.
C'est moi, c'est moi.

CAROLINE.

Etre six mois sans mon fils !

THERESE.

Sans mon frere !

JEANNETTE.

Sans mon amant !

CHARLOTTE.

Sans mon époux !

TOUS ENSEMBLE.

Oh ! dam' c'est moi, voyez-vous,
Dont la douleur est plus amere.

COMÉDIE.

CAROLINE.
Victor, hélas! hélas?
Soir & matin, dans not' chaumiere,
Hélas! hélas! je ne te varrons pas
Trotter, fauter & voler dans nos bras,
D'une fi gentille maniere.

CHARLOTTE.
Michel, hélas!
Soir & matin, dans not' chaumiere,
Hélas! hélas! je ne te varrons pas
Au retour des champs, me tendre les bras,
En m'appellant ta menagere.

JEANNETTE.
Maurice, hélas!
Dimanche, ainfi qu'à l'ordinaire,
Hélas! hélas! je ne te varrons pas
Chanter, fauter, nous tenir par le bras,
D'une fi gentille maniere.

THERESE.
Maurice, hélas!
Dimanche, ainfi qu'à l'ordinaire,
Hélas! hélas! je ne te varrons pas
Chanter, fauter, nous tenir par le bras,
D'une fi gentille maniere.

CAROLINE.
Etre fix mois fans mon fils!

THERESE.
Sans mon frere!

JEANNETTE.
Sans mon amant!

CHARLOTTE.
Sans mon époux!

TOUTES ENSEMBLE.
Oh! dam' c'eft moi, voyez-vous,
Dont la douleur eft plus amere.

Dans six mois, jour pour jour,
Il fera de retour;
Et jugeai queu beau jour!
Pour mieux l' voir revenir,
Là bas, dans la campagne,
J'tâcherons de ben m'tenir,
Là-haut fur s'te montagne.

J'cri'rons { Victor, Maurice, Maurice, Michel, } bonjour;

Et si l'vent m'accompagne,
Ah! ah! comme à son tour
Y m'renverra le bonjour!

JEANNETTE

Je n'me trompe pas c'est Maurice qui r'vient!

CAROLINE.

Il a l'air effrayé. Seroit-il arrivé quelque chose à mon fils?

THERESE.

Oh! q'non : je l'vois courir comme à son ordinaire ; c'est q'mon frere aura sûrement oublié queuque chose.

CHARLOTTE.

Vous n'y êtes pas vous autres ; est-ce que les amoureux ne reviennent pas vingt fois avant d'f'en aller tout de bon.

SCENE V.

LES PRÉCÉDENTES, MAURICE, VICTOR.

MAURICE (*qui a entendu les dernieres paroles de Charlotte*).

Eh bien ! maman, vous n'y êtes pas non plus vous. Hum ! si vous saviais c'que j'viens vous apprendre.

SCENE VI.

LES PRÉCÉDENTES, BÉATRIX, CHRISTINE.

CHRISTINE.

Venais donc déjeûnai vous autres... (*Appercevant Maurice & Victor*). Eh mais ! quesc'que ça signifie ?

BÉATRIX, (*se frottant les yeux*).

Est ce que je rêvons ! Pour queu'sujet ?

CHARLOTTE

C'est ce que je l'y demandons.

MAURICE.

Eh ben ! il y a que j'viens d'voir tout là-bas,

là-bas comme une armée formidable qui arrive tout fin drèt par ici ; elle eſt encore ben loin ; mais.... j'ons vu qu'i s'prépariont à traverſai le village.

JEANETTE.

Une armée !

THERESE.

Une armée !

CHARLOTTE.

Et toi qu'es ſavant, tu n'as pas pu voir ſi c'étoient des ennemis ?

MAURICE.

Ma fin'non, j'ons vu q'des ſoldats armés de piques, & qui f'ſoient tant d'pouſſiere en marchant que j'n'ons pu diſtinguer ce qu'il y avoit ſur leux drapeaux.

CHRISTINE.

Mais acoutez donc mes enfans : m'eſt avis que les troupes du roi d'France ſont de d'puis ſix mois en Italie ; ſi c'étoient elles qui revenoient ?

MAURICE.

Que ce ſoient elles ou non, ça n'nous promet rien d'favorable.

CHRISTINE.

V'là comme t'es toujours avec tes craintes, toi. Quel mal veux-tu q'nous faſſent les troupes du roi d'France ? Eſt-ce que François I. n'eſt pas

fils

fils de Louife de Savoie ? Eft-c'que je n'fommes pas fous fa protection quoiq'je n'foyons pas fous fa puiffance ? Et pis fi s'trouviont par hafard dans les foldats queuques-uns qui vouluffent faire tapage, eft-ce qui gn'iauroit pas dans les officiers queuqu'un de ta connoiffance qui prendroit ton parti ?.... eft-ec que tu n'es pas muficien fuivant la cour ?

MAURICE

Tout ce qu'il vous plaira, tout ce qu'il vous plaira, faut avifai ben vîte au parti l'plus prudent ; faut confultai le vieux pere Emmanuel ; gn'ia que li dans tout l'village qui foit dans le cas d'avoir vu d'ces chofes-là. Il faut que toutes les bonnes têtes s'réuniffent avec la fienne, afin qu'il en forte un avis qui mette toutes les femmes & les filles en fûreté (*A part.*) & qui me tire d'inquiétude.

JEANNETTE.

Ah ! maman ça doit-être ben beau d'voir paffer une armée.

MAURICE.

V'là t'i pas déja leur cervelle qui galoppe ; gnia pas de néceffité mamfell, & gnia rien de curieux. Vous avez vu le fils à Nicolas quand il eft revenu l'an paffé dans le hameau ; tout l'monde l'a vu le cafque en tête, la lance en main, l'bouclier au bras & les grandes mouftaches

B

sous le nez; eh ben, Mamsell, y s'ressemblont tous; qui en a vu un, en a vu mille.

CHARLOTTE.

N'allez-vous pas vous disputer vous autres, tandis que le tems presse? Allons consulter not' bon vieillard: comme il ne peut plus marchai, c'est ben l'moins qu'j'allions chez lui.

MAURICE *se radoucissant.*

Mamsell' Jeannette vient-elle avec nous?

JEANNETTE.

Gnia pas de nécessité, Monsieur, gnia rien de curieux à voir en route. Faut ben qui'l reste queuqu'un à faire le guet de dessus la montagne, & c'est nous toutes qui nous en chargeons. Quoi que c'est que vous feriez d'nous là-bas? j'sommes trop jeunes pour bailler not'avis, & d'ailleurs quand on aura l'vôtre, monsieur Maurice, on en aura mille.

(*Les meres emmenent Maurice.*)

COMÉDIE

SCENE VII.

LES PRÉCÉDENS, (*excepté les vieilles, les meres & maurice.*)

THERESE.

Tu as eu raiſon, Jeannette, d'répondre comme ça à Maurice. Ça li eſt ben aiſé à li qui court l'monde de ne pas vouloir que les autres voient ce qu'ils n'ont jamais vu. Eh! mais queu mal eſt-ce que je ferions de nous trouver là ſur le paſſage de ces gens de guerre?

JEANNETTE.

Pardienne, j'pouvons examiner derriere ces taillis s'ils ſont encore ben loin.

THERESE.

Comme tu dis, Jeannette, on les apperçoit ben d'ici.

JEANNETTE

Comme leux armes reluiſont au ſoleil!

VICTOR, (*ſur le devant de la ſcene*).

Fi q'c'eſt vilain d'm'avoir laiſſé là tout ſeul; j'ſommes ben ſûr que ſi ma grand'maman étoit-là, elle me meneroit par la main où c'q'vous êtes, mais ça m'eſt égal, ça m'eſt égal. (*Il monte ſur ſa ſellette*). C'eſt ſingulier, ça n'm'avance à rien..... Tiens, tiens, tiens, comme elles accouront ! Oh ! ben tant mieux, c'eſt que ça vient juſqu'ici.

SCENE VIII.
LES PRÉCEDENTES, VICTOR, PETIT-JEAN.

Petit-Jean.

Ne vous ſauvez donc pas comme ça, je ſuis tout ſeul.

Jeannette.

Maurice avoit raiſon ; ſi c'petit-là nous fait peur, c'ment f'rons-nous donc pour reſter en place à conſidérer les autres ?

(*Elles rentrent toutes dans leurs maiſons, dont elles tiennent les portes entr'ouvertes.*)

Petit-Jean.

Holà ! gentilles bergerettes,
Dont l'air me paroît obligeant,
Quittez, quittez vos maiſonnettes,
Approchez-vous de Petit-Jean.
Ah ! peut être qu'on appréhende
De nous voir, par autorité,
Obtenir l'hoſpitalité,
Ne craignez rien, on la demande. (*bis.*)

COMÉDIE

Therese.

I' n'a pas l'air méchant du tout.

Jeannette.

Ça n'dépend pas tout-à-fait de nous, d'vous bailler l'hospitalité; d'ailleurs, j'vous observerons q'nos papas & nos freres sont partis hier pour Paris, & que.....

Petit-Jean.

Comment! un village sans hommes ?
D'honneur, ce hasard est charmant.
D'abord, grace au nombre où nous sommes,
Qui de vous n'auroit un amant ?
Pauvres filles, je conjecture
Que vous n'avez, dans vos loisirs,
Ni jeux, ni danses, ni plaisirs,
Vous en aurez, je vous l'assure. *(bis.)*

Therese *à Jeannette.*

V'là ben la preuve q'tu ne dois pas toujours croire c'que Maurice t'dit. Y sembloit que j'avions tout à craindre, & en v'là déja un qui ne parle que de nous donner des fêtes.

Petit-Jean, *après avoir été dans le fond du théâtre, examiner les différentes maisons, & en avoir marqué quelques-unes à la craie.*

Pourquoi, trop fidele à l'usage,
Comparer ces différens toits ?
Ici, n'ayant qu'un seul étage,
Toutes les maisons sont sans choix.

LES SAVOYARDES,

Que la troupe se les partage,
Hormis pourtant celle où je vois
Un essaim de jolis minois;
(*A part.*) C'est pour Bayard & pour son Page. (*bis.*)

Adieu, mes jolis enfans; je reviendrai bientôt vous voir en nombreuse compagnie.

SCENE IX.

JEANNETTE, THERESE, autres jeunes Savoyardes.

JEANNETTE.

Voyons donc ce qu'il a tracé sur not' porte..... Bah! il n'a fait qu'une croix; c'est qu'il ne sait pas écrire.

THERESE.

Pardiene! est-ce qu'on a besoin d'être savant, pour se battre?

JEANNETTE.

T'as raison, pas plus que pour se faire aimer. V'là Maurice, par exemple..... Eh ben! jamais il ne m'auroit dit avec la plume ce qu'il m'a dit avec ses yeux. S'il avoit fallu qu'il écrivît des lettres pour me déclarer son amour, pour le déclarer à

COMÉDIE.

ma mere, ça n'auroit jamais fini, au lieu qu'un beau matin, il m'a lancé un coup d'œil qui signifioit tout cela....

SCENE X.

LES PRÉCÉDENTES, MAURICE, CHARLOTTE, CAROLINE, BÉATRIX, CHRISTINE, & autres vieilles.

THERESE.

Vous êtes ben heureux, mon frere; Jeannette ne cesse de parlai d'vous.

MAURICE, *avec défiance.*

Oui! quand elle me voit! je parierois qu'il est déja venu queuqu'un, pendant que j'ons été cheux le pere Emmanuel.

JEANNETTE.

Eh ben! vous gagneriais. Il est venu un biau petit jeune homme, ben vêtu, qui nous a parlé ben doucement, & qui n'est pas fier.

MAURICE, *précipitamment.*

Un biau petit jeune homme! Et où est il? comment s'appelle-t-il? quand reviendra-t-il?

JEANNETTE, *vivement*.

Il nous a dit qu'il alloit rejoindre l'armée ; quant à son nom, comme il n'a mis qu'une croix sur not' porte, je n'savons pas c'que ça veut dire ; mais ce dont je sommes sûres, c'est qu'y reviendra tout-à-l'heure.

MAURICE.

Eh ben ! Mamsell, c'est le cas d'exécuter les conseils du pere Emmanuel. J'sommes ben fâché d'avoir une mauvaise nouvelle à vous apprendre, c'est qu'il faut que toutes les filles demeurent cachées jusques à demain matin dans la grange que v'là.

JEANNETTE.

Et moi aussi ! jusqu'à demain matin ! mais je ne te verrai pas !

MAURICE.

C'est pour ton bien, ma chere Jeannette, & pour ma tranquillité ; aussi je veux avoir le plaisir de t'enfermer moi-même.

JEANNETTE.

Je te remarcions de la préférence.

MAURICE.

Eh ! mais sans doute, si j'avions un trésor, & qu'il y eût des voleurs qui en fussent envieux, je ne m'en fierois à personne qu'à moi, pour le sarrer.

CHRISTINE.

Moi, ce n'étoit pas mon avis.

COMÉDIE.

BÉATRIX.

Ni le mien.

MAURICE.

Je vous affurons ben qu'c'eft d'la prudence & non d'la jaloufie. J'vous porterons à manger, fans qu'on s'en apperçoive. Allons, les jeunes perfonnes à droite, & les bonnes meres à gauche.

CHRISTINE.

Faut faire toutes fes volontés, à ce petit coquin de Maurice. Allons, nous v'là prêtes. (*Maurice fait entrer toutes les jeunes filles dans la grange.*)

JEANNETTE (*que Maurice pouffe dans la grange*).

Ma chere Chriftine, fi le petit jeune homme qui eft venu n'eft pas un menteur, il vous demandera ben poliment l'hofpitalité, il vous divertira tant qu'il lui fera poffible, & c'eft chez-nous qu'il s'établira avec fon capitaine ; ayez-en ben foin.

BÉATRIX.

Avec ce bel arrangement là, vous allez voir cependant que nous allons refter toutes feules pour les recevoir ; je ne fais pas, mais.....

MAURICE.

Mais, mais vous trouvais encore des difficultés. Eft-ce que Maurice ne fera pas là ? i fera ben plus aifé, de les contraindre à vous refpecter, qu'il ne feroit facile de leur défendre de lorgnai ces jeunes bargeres. J'entends du bruit : fermais la porte de la grange.

CHRISTINE (*l'empêchant d'entrer dans la grange*).

Oh! pour le coup, monsieur Maurice, tu viendras avec nous..... je n'serons pas fâchées d'avoir un chapiau ; ça en impose toujours.

(*Toutes les portes se ferment aux coups de tambour que l'on entend. Les troupes descendent, & après l'exercice d'usage, entrent dans les différentes maisons.*)

SCENE XI.
BAYARD, PETIT-JEAN.

PETIT-JEAN.

MONSEIGNEUR, il ne faut pas vous arrêter à l'examen des maisons ; elles ne sont couvertes que de chaume ; mais sous ce chaume reposent les plus charmantes petites personnes que j'aie jamais vues. L'Italie d'où nous sortons, n'en laisse point appercevoir d'aussi fraîches, & la France que nous allons rejoindre en contient à peine autant dans une grande ville, que vous en verrez de réunies dans ce hameau.

BAYARD.

Ma foi, mon ami, tu piques ma curiosité ; pourtant l'endroit ne me paroît pas peuplé.

PETIT-JEAN.

C'est qu'apparemment elles dorment après leur repas, comme dans le pays que nous quittons ; mais je vois qu'il vous tarde de connoître vos charmantes hôtesses, & que vous ne vous ferez pas de scrupule de troubler ce sommeil momentané, qui rafraîchit les roses de leur teint. Voilà la maison que je vous ai destinée, frappons.

BAYARD.

Les pauvres petites, c'est conscience de les réveiller.

SCENE XII.

LES PRÉCÉDENS, CHRISTINE, BÉATRIX & autres vieilles.

A l'inſtant où la ſcene commence, on voit les ſoldats héſiter tous & répugner à entrer dans les maiſons du fond deſquelles il ſort pareillement de vieilles femmes.

BAYARD, *(appercevant Béatrix & Chriſtine)*

VERTU de ma vie ! quelles figures !.... Monſieur petit Jean !...

PETIT-JEAN.

Monſeigneur.

BAYARD.

Rendez grace à votre âge, qui fait que vous n'êtes pas encore chevalier, car vous me feriez raiſon de votre petite plaiſanterie. J'ai toujours mis avec vous l'amitié à la place de la ſévérité, & je m'apperçois que j'ai eu tort.

PETIT-JEAN.

Monſeigneur, que je meure à l'inſtant, ſi je vous avois menti. Il y a quelque choſe là-deſſous que je ne comprends pas. J'ai vu là de mes yeux,... vu, ce qui s'appelle vu, tantôt dans cette maison, les objets les plus accomplis.

CHRISTINE.

Vous avez rêvé c'la, mon biau monsieur.... C'est nous, nous que vous avez entrevues, & à qui vous avez parlé. (*A part.*) Cela me divertit fort de l'embarrasser.

PETIT-JEAN.

En voici bien d'un autre.... Quoi ! c'est à vous à qui ?....

CHRISTINE.

A qui vous avez demandé si gentiment l'hospitalité ; à qui vous avez promis des divertissemens ; & c'est not'maison que vous avais marquée à la craie pour monsieur & pour vous. Allais-vous encore dire que non ?

PETIT-JEAN.

Oh ! pour celui-là, c'est un peu fort ; Monseigneur, je vous ferois, si j'osois, tous les sermens possibles....

CHRISTINE.

C'est mal à vous de ne pas nous reconnoître, serions-nous donc si changées ?

PETIT-JEAN, *prenant le change.*

Vous l'entendez, monseigneur, elles conviennent qu'elles se sont changées. Nous sommes ici dans un village de sorcieres.

BAYARD.

Ecoute petit Jean, je crois à la magie des jeunes femmes pour nous séduire.... & à la magie des grands-meres, pour mener leurs filles à la baguette, en les faisant disparoître quand elles le jugent à propos.

Petit JEAN.

Ah ! oui, je crois que vous l'avez deviné.

BAYARD.

Tu n'as pas encore autant d'expérience que moi, & je vois qu'on t'a attrapé; au reste, la galanterie ne doit marcher qu'après le devoir, & pour le séjour que nous sommes dans le cas de faire ici, j'aime bien autant que mes hôtesses soient aussi respectables.

CHRISTINE.

Vous êtes ben bon, Monseigneur, vous êtes ben bon.... Qu'est-ce donc que vous regardez? C'est mon petit-fils Victor que j'ons l'honneur de vous présenter.

COMÉDIE.

VICTOR, (*montrant sa sellette à Bayard, & lui prenant la jambe, comme pour le décroter.*)

Oh ! si mon capitaine vouloit !...

CHRISTINE.

Pauvre petit ! comme il a de l'industrie, & comme il cherche à se pousser ; il fera quelque chose, je l'ai toujours dit, il fera quelque chose.

BAYARD.

Mon petit ami, nous autres soldats, nous prenons cette peine là nous-mêmes ; & quant à moi, pendant que votre bonne maman va me préparer, ainsi qu'à mon page, la collation la plus frugale, là tout bonnement devant cette porte, afin que nous soyons plus au frais, je m'en vais retourner sur mes pas pour voir si mes pauvres malades ont tout ce qu'il leur faut ; ils ne peuvent marcher qu'après moi, il est juste que je ne dîne qu'après eux.

PETIT-JEAN.

Allez, Monseigneur, que je perde mon nom, si je ne me venge pas du tour qu'on nous a joué.

BAYARD.

Et de qui te vengeras-tu ? Il y avoit de jolies

savoyardes dans ce hameau, & il n'y en a plus! peut-être bien que La Palisse est passé par ici.

PETIT-JEAN, (*reconduisant Bayard dans le fond.*)

C'est ce que je saurai.

CHRISTINE.

Monseigneur, quand vous reviendrais tout sera prêt. Maurice! Maurice!

SCÈNE XIII.

CHRISTINE, BÉATRIX, MAURICE, VICTOR.

MAURICE.

Quoique c'est que vous me voulais ?

BÉATRIX.

Est-c'que ça s'demande ? Je voulons que tu nous aides à mettre le couvert d'ces braves Chevaliers qui nous ont fait tant de politesse.

MAURICE.

J'n'aurons pas c'te vertu-là. J'ne pouvons pas me résoudre à les aimer.

CHRISTINE (*mettant la table.*)
Pourquoi t'est-ce, Monsieur Maurice ?

MAURICE.

Parce qu'ils sont trop résolus à aimer les femmes des autres.

BÉATRIX (*mettant la nappe de toile jaune.*)

Ah ! s'ils sont tous comme ces deux là, ma foi, vivent les gens de guerre : l'un a l'air de la probité même, & l'autre eſt d'une expiéglerie qui m'enchante & me rajeunit.

CHRISTINE (*mettant des vaſes ſur la table.*)

V'là du vin pour s'tilà qui eſt le plus vieux, & v'là du bon lait pour s'tilà qui eſt le plus jeune.

MAURICE (*tandis que Victor poſe des aſſiettes*).

Ah! ça j'eſpere que vous ne ferais pas tant de façons...

CHRISTINE.

Mon ami, c'eſt dans ces occaſions-ci qu'il faut s'faire honneur de c'qu'on a; je n'veux pas qu'ils alliont dire à la Cour qu'on ne boit ni ne mange dans not' pays; & j'prétends ben qu'ils y mettent en vogue nos gâteaux de Savoye, quand ils auront mangé s'tilà qu'eſt de ma façon... Vas-t'en cherchai des chaiſes.

MAURICE.

Ah! ben oui des chaiſes. Si vous les faites aſſeoir, ils reſteront ici juſqu'à demain.

VICTOR.

Maman, en v'là.

MAURICE.

Et toutes ces jeunes filles qui ſont renfermées là, quoique c'eſt qu'elles feraient toute la nuit à s'ennuyer?

COMEDIE.

Christine.

Mais fi tu veux que je te le dife, Maurice, je compte ben les délivrai de prifon pour qu'alles danfent les caftagnettes au deffert. T'auras biau te facher. Le vieux pere Emmanuel t'a écouté parlai pendant une heure, & il a été d'ton avis, quand il nous aura entendu autant Béatrix & moi, il fera du nôtre. Eft-c'que c'eft propofable que de grands Seigneurs paffent ici fans qu'on les régale de la danfe du Pays? Faut un peu de jaloufie Monfieur Maurice, mais y n'en faut pas trop. Not' fille Jeannette eft ben inftruite que vous allais tous les jours à Paris dans des endroits où on danfe, & où vous faites danfer le beau fexe, ça ne l'empêche pas de vous aimer. Rèndez lui le change. J'allons.....

Maurice (*s'opofant à Chriftine dans la crainte qu'elle n'ouvre la grange.*)

Y penfais vous!

Christine.

J'allons de nouveau cheuz le pere Emmanuel lui demander la permiffion de faire chantai nos filles en préfence de ce biau monde qui ne peut manquai d'être honnête. Viens avec moi, Béatrix; Victor, ne touchez point au gâteau. Si ces Meffieurs viennent, vous dirais que j'allons revenir.

C 2

MAURICE.

Oh! je vous suivrons pour empêcher Emmanuel de se prêter à une pareille folie.

SCÈNE XIV.

VICTOR *(près de la table.)* PETIT-JEAN *(dans le fond.)* ELOI & OGIER *(appuyés chacun sur le rebord d'une fenêtre opposée.)*

DUO.

ELOI.

Camarade!.....

OGIER.

Eh bien!

ELOI.

Te trouves-tu bien?

OGIER.

On m'a pour hôtesse.....

ELOI.

Eh bien!

OGIER.

Choisi la plus ancienne.

COMEDIE.

ELOI (*hochant la tête.*)

Camarade!.....

OGIER.

Eh bien?
Moi je n'en crois rien,
Tu n'as donc pas vu la mienne?

ENSEMBLE.

Hélas! hélas! je le foutien,
Il n'eft point de Bohémienne
Plus vieille & plus laide... Eh bien!
Camarade, je n'en crois rien.....
Tu n'as donc pas vu la mienne!
Mais quelqu'un vient, mais quelqu'un vient;
C'eft le Page qui fe promène:
Obfervons & ne difons rien.

QUATUOR.

PETIT-JEAN (*en frapant fur l'épaule de Victor*).

Camarade!.....

VICTOR.

Eh bien!

PETIT-JEAN.

Mets fin au tourment qui m'agite:
Dis moi, dis fans me cacher rien?
Où l'on a pu loger fi vite
Ces fillettes au doux maintien,
Que tantôt je trouvais fi bien.

LES SAVOYARDES.

Ah ! petit vaurien,
Tu ne réponds rien ;
Mon Maître & moi nous leur voulons du bien :
Et si tu ne déguises rien,
Mon Maître & moi nous te ferons du bien,
Nous te ferons du bien.

VICTOR

Vous me ferez du bien ?
Eh bien ! eh bien ! suivez-moi bien.

PETIT-JEAN (*pendant que Victor le mene à la porte de la grange*).

Fort bien ! fort bien ! je savois bien.

VICTOR (*parlant*).

Ouvrez, Therèse, ouvrez, Jeannette, c'est moi...
Je m'trompe : c'est un biau Monsieur qui m'a dit
qu'il vouloit vous faire du bien & à moi aussi.

(*Les femmes trompées par la voix de Victor ouvrent la porte de la grange, & le Page s'y glisse au même instant.*)

ELOI & OGIER (*reprenant leur Duo.*)

Camarade..... Eh bien !
Pour deviner les cachettes,
Pour faire ouvrir les retraites,
Ah ! qu'un Page s'y prend bien !

PETIT-JEAN (*entouré des femmes & des filles.*)

Venez, venez, sortez de vos retraites,
Venez, venez & n'apprehendez rien !
Mon Maître & moi nous vous voulons du bien;

COMEDIE.

JEANNETTE & THÉRÈSE.

Vous nous contez-là des sornettes...
Il a l'air d'un petit vaurien ;
Mais après tout, Victor n'en savait rien.

PETIT-JEAN (*honteux d'être vu des deux soldats.*)

Soldats, à prendre l'air, qu'est-ce donc que vous faites?
Pour chercher du repos, rentrez dans vos retraites.

ELOI & OGIER.

Mon Officier, pardonnez-nous !
Nos deux hôtesses, voyez-vous,
Sont boiteuses & contrefaites ;
Elles ont toujours leurs lunettes,
Et sourdes, sans être muettes,
Elles sont toujours en courroux ;
Enfin ce sont des vrais hiboux.

PETIT-JEAN.

Je suis donc plus heureux que vous,
J'ai trouvé le nid des fauvettes.

ELOI & OGIER.	JEANNETTE, THERESE & les autres femmes & filles.
Pour trouver un nid de fauvettes,	Avec ces gentilles sornettes
Ah! comme un Page s'y prend bien.	Il m'a bien l'air d'un franc vaurien.
PETIT-JEAN. (*Lutinant Therese & Jeannette.*)	
Mon Maître & moi nous vous voulons du bien.	Mais dam ! Victor n'en savait rien.

C 4

SCÈNE XV.

LES PRÉCÉDENTS ET PRÉCÉDENTES, MAURICE, CHRISTINE, BÉATRIX.

MAURICE (*appercevant le petit Page au milieu des filles devient pâle de colère.*)

Eh ben! m'en croirez-vous à préfent? j'efpere qu'il était inutile d'allai reconfulter Emmanuel; alles vous ont entendu de d'dans la grange, & de d'peur que la parmiffion n'arrivât pas, alles l'ont prife par elles-mêmes; v'là bien les filles ici comme ailleurs.

CHRISTINE.

Eh! ne vaut-il pas ben mieux que j'foyons toutes raffemblées, s'ta pendant que ces Meffieurs vont dînai, que s'ils dîniont tête-à-tête, avec Jeannette, par exemple.

MAURICE.

En vérité, ma bonne maman, vous avais toujours des confolations qui défefperent.

SCÈNE XVI.

LES PRÉCÉDENTS ET PRÉCÉDENTES,
BAYARD.

BAYARD.

Eh! mais, Petit-Jean, que veut dire tout ceci? Notre bon Roi n'a pas plus de monde à son grand couvert. Que de figures différentes de celles de tantôt! Petit-Jean, Petit-Jean, ce font-là de tes tours : & la furprife m'a été bien ménagée. (*Il fe met à table & fixe Jeannette tandis que Petit-Jean fixe Thérefe*). Comment fe nomme cette jolie Savoyarde?

CHARLOTTE.

Monfeigneur, c'eft ma fille..... Elle s'appelle Jeannette, pour vous fervir.

BAYARD.

Vraiment pour me fervir à table, Petit-Jean, lui-même conviendra que jamais Page n'a valu Jeannette. Veut-elle bien me verfer à boire?

JEANNETTE *prend la bouteille.*

Monfeigneur, je n'oferons jamais. J'fommes trop honteufe..... Et la main me tremble.

MAURICE. (*Bas à Jeannette.*)

Laisse tombai la bouteille plutôt.

CHRISTINE.

Faut excusai, Monseigneur, çi n'a pas encore d'usage.

BAYARD.

Donnez, Jeannette, puisque vous êtes intimidée, un verre de vin bu à ma santé vous rassurera, & c'est moi qui vous le verserai.

PETIT-JEAN à *Therèse.*

Mademoiselle, une part de gâteau. *à part.* La petite sotte a peur de moi.

JEANNETTE.

Oh! quand à ce qui est de ça, Monseigneur, vous avez l'air d'un trop brav'homme pour vous refusai.

MAURICE. (*Bas à Jeannette qui boit.*)

Dis que tu bois à sa santé puisqu'il le faut, mais tâche toujours de boire à mon intention.

BAYARD.

Je parierais à voir la charmante Jeannette, qu'elle doit chanter à ravir, & qu'elle sait quelques chansons nouvelles.

COMEDIE.

JEANNETTE (*regardant Maurice à chaque minute.*)

Monseigneur, à dire l'vrai, mon cousin Maurice, que v'là, m'en avait appris une qu'on chantait à la Cour il y a six mois, & j'vous la dirions ben volontier, mais... (*Elle regarde Maurice qui lui défend de chanter.*) Mais à vous parlai franchement..... J'venons de l'oubliai tout d'suite.

BAYARD.

Une chanson de la Cour, jusques dans ce hameau! Si la belle Jeannette....

MAURICE.

Toujours Jeannette!

BAYARD.

Si la belle Jeannette ne s'en souvient plus, son cousin nous fera le plaisir de la dire à sa place.

MAURICE.

Moi! Monsieur le Chevalier, j'n'en sommes pas capable. Si c'est absolument une fantaisie de votre part, v'là Caroline sa tante qui la sait & qui s'accompagnera de la vielle.

LES SAVOYARDES.

BAYARD.

Je l'écouterai avec intérêt. Elle est tante de Jeannette.

MAURICE.

Encore Jeannette !

CHRISTINE (*à Caroline en lui attachant sa vielle.*)

Allons m'n'enfant, courage; c'est à vous autres à empêchai qu'il ne s'apperçoive de l'himeur de Maurice.

CAROLINE.

Monseigneur, comme Maurice a eu l'honneur de vous l'dire, c'est une chanson qui a été faite à l'endroit de la guerre d'Italie, où ce que de braves Généraux ont recueilli tout plein de gloire pour eux & pour François premier.

ROMANCE.

QUAND reviendront de l'Italie
Les la Palisse & les Bayards,
Bals & tournois de toutes parts
Charmeront la Cour embellie.
Ménétriers & Troubadours épars
Chanteront le long des ramparts
Ces dignes soutiens de leur Maitre ;
Et le Roi dessous sa fenêtre,

Bis en chœur. { Fera jouer les Savoyards ;
{ Car c'est un Prince ami des arts.

COMEDIE.

PETIT-JEAN (*à Bayard*).

Vous pleurez, Monseigneur !

BAYARD.

(*A part.*) Petit-Jean de la discrétion !... Oui je verse des larmes de joie de la bonne opinion qu'on a à la Cour & à Paris de mon ami la Palisse, &... de son ami Bayard.

CAROLINE.

Il y a un second couplet, Monseigneur, qui ne concerne que le Roi.

BAYARD.

Et c'est bien juste. Voyons.

CAROLINE.

Venus, ainsi que c'est l'usage,
Reployant tous les étendarts,
Sous la figure du Dieu Mars,
De François portera l'image.
Les Raphaël, les Vinci-Léonards,
Avec le laurier des Césars,
Représenteront ce bon Maître ;
Et même on le verra paraître
Bis en chœur. { Dans l'optique des Savoyards ;
Car c'est un Prince ami des arts.

BAYARD.

Voilà qui est fort bien chanté, & quoique la chanson ait été faite à la Cour, tout ce qui concerne le Roi est de la vérité sans flatterie, mais pourquoi la belle Jeannette qui a oublié celle-là ne se souviendroit-elle pas d'une autre ?

JEANNETTE.

Pour ça, Monseigneur, y a ben une chanson du pays que j'savais d'puis not' berceau ; c'est maman Charlotte qui me l'a apprise.

BAYARD.

Va pour la chanson du pays.

JEANNETTE.

Il faut que mon cousin la chante & la danse avec moi.

MAURICE (*bas.*)

J'n'en ferons rien.

BAYARD.

Ah ! si j'étais du pays comme je m'offrirais !

PETIT-JEAN (*fixant Therèse.*)

Et moi comme j'en ferais voir à ma voisine.

JEANNETTE & MAURICE.

DUO.

Refuserais-tu ta Jeannette ?	J'aime à chanter avec Jeannette ;
Tu vas danser avec Jeannete,	
Tu vas chanter avec Jeannette.	Mais j'aime à chanter pour Jeannette,
Fi! qu'c'est laid d'fair l'original,	
Chante ben ou mal, ça m'est égal,	Mais j'aime à danser pour Jeannette.
Danse ben ou mal, ça m'est égal.	Vous le voulais, ça m'est égal,
	J'chanterons faux, j'danserons mal,
	Vous le voulais ça m'est égal.

COMEDIE.

JEANNETTE. (*Dansant avec des castagnettes, & le petit Victor l'accompagnant du triangle.*)

  Faut des orgues & des vielles
  Pour faire danser les D'moiselles
  De Chamberri, de Turin;
  Mais nous autres Bergerettes,

Bis en chœur. { A danser j'sommes si faites,
     Qu'il n'nous faut que des castagnettes,
     Et pis, quand l'air est en refrein,
     Iou! Les triangles vont leur trein.

DUO.

JEANNETTE.	MAURICE.
Pourquoi bouder ainsi, Jeannette ?	J'aime à danser avec des castagnettes;
Fi ! qu'c'est lait d'fait l'original:	Mais j'aime à danser pour Jeannette.
Tu chanterais faux, tu danserais mal;	Vous le voulais, ça m'est égal,
Qu'c'est toujours toi, ça m'est égal.	J'chanterons faux, j'danserons mal.

JEANNETTE.

  Le Poitou danse aux musettes,
  La Lorraine aux clarinettes,
  La Provence au tambourin;
  Mais nous autres Bergerettes

Bis en chœur. { Dans nos paisibles retraites
     Nous dansons aux castagnettes,
     Seulement, quand l'air est en refrein,
     Iou! Les triangles vont leur trein.

BAYARD.

A merveille, Jeannette, je voudrais bien pouvoir reconnoître cette complaisance excessive.

48 LES SAVOYARDES.

JEANNETTE (*tendant la main tendrement à Maurice qui paraît se radoucir.*)

Marci, mon cousin, marci, Maurice.

CHARLOTTE.

Mon dieu, puisque Maurice est en train d'être si obligeant, je n'lui demanderons pas de montrer la lanterne magique, parce qu'il fait grand jour, mais de faire voir tant seulement à Monsieur c'te curiosité qu'il a rapportée de Paris & qu'il y remporte ; elle est du même tems que la chanson, Monseigneur, & gny a des choses qui vous f'ront plaisir, ainsi qu'à vot' Monsieur Petit-Jean.

MAURICE *à part.*

La peste soit des femmes ! faut-il pas à présent que j'aye mon tour tout seul, & pour qui.....

BAYARD & PETIT-JEAN.

Allons Maurice faites quelque chose pour nous.

MAURICE (*préparant son optique*)

Allons gny a pas moyen de reculer ; comme on me contrarie !

PETIT-JEAN (*à Thérèse, en la plaçant près de lui*).

Mademoiselle Thérèse, v'là un verre à côté du mien par où vous pourrez voir.

THERÈSE.

Ben obligé Monsieur.

BAYARD.

BAYARD.

Ma foi je me fens auffi jeune que mon Page & je ne faurais m'empêcher de regarder l'optique de cet homme, fur tout fi la belle Jeannette accepte la place qui refte à côté de moi.

MAURICE.

Vous êtes ben bon, Monfeigneur, Jeannette a vu cela vingt-fois.

JEANNETTE.

Mon cher coufin y fuffit, qu'ça foit d'ton arrangement pour que ça me plaife toujours.

MAURICE *à part.*

Mon Dieu! mon Dieu! comme elle eft près de ce Chevalier! comme ma fœur eft près de fon Page! maudite invention! y femble que le diable s'en mêle. Il faut que je m' rapetiffions & que je m'boutions derriere pour gouverner les machines: dépêchons-nous pour abrégeai not' fupplice.

« Eh vous voyais d'abord ce que vous allez
» voir ; la vue & perfpective du château de Co-
» gnac, près d'Angoulême, où ce qu'eft né not'
» bon Roi de France, François premier : vous
» le voyais à l'âge de douze ans qui fe promene
» dans le parc avec Meffieurs de la Rochefou-
» cault, de Jarnac & d'Ars (*il leve la tête par
» deffus l'optique pour épier Jeannette.*) Et puis

» vous allais voir ce que vous allais voir, ce brave
» Monarque qui demande à être reçu Chevalier
» par le Chevalier Bayard du Terrail ».

JEANNETTE *à Bayard qui la lutine.*

Ah! Monsieur, ces complimens là ne conviennent qu'aux grandes Dames de vot' rang.

THERÈSE *à petit-Jean.*

Monsieur, Petit-Jean, vous êtes insuportable & regardais au lieu de causai.

MAURICE.

« V'là que vous voyez tous les préparatifs
» pour c'te grande cérémonie. V'là que tout
» l'monde a les yeux fixés sur le Chevalier
» Bayard, & v'là que le Chevalier Bayard lui
» donne l'accolade ».

(*Boyard embrasse Jeannette, & petit-Jean veut embrasser Therèse : Maurice qui devine à leur murmure ce qu'il ne craignait que trop, précipite son optique par terre, Charlotte, Béatrix, Caroline & les autres femmes retiennent Maurice & Petit-Jean poursuit Therèse sur la montagne.*)

COMEDIE.

JEANN. & CHARLOT. (retenant Maurice).	BAYARD.	MAURICE (à Jeannette en fureur & par degré)
Que ferez-vous, mon cher Maurice ?	Appaisez-vous, mon cher Maurice.	Rentrais chez vous,
Appaisais-vous, appaisais-vous :	Quand on doit être son époux,	Rentrais chez vous,
Craignons d'exciter son courroux.	Je sens qu'on peut être jaloux ;	Rentrais chez vous.
	Mais entre nous, mon cher Maurice,	Si j'ai tort qu'on me punisse,
Mon cher Maurice, appaisez-vous.	Jeannette à le parler si doux	... Que je périsse.
	Et l'œil si rempli de malice,	Rentrais chez vous,
Mon cher Maurice, appaisais-vous.	Que les étrangers malgré vous,	J'prétendons bravai son courroux ;
	Tour-à-tour, tour-à-tour	Je n'souffrirons pas qu'd'vant nous,
J'allons implorer sa justice.	Lui rendront justice.	S'cajole au gré de son caprice.
		S'tella dont j'devons et' l'époux.
		Rentrais chez vous,
		L'autorité n'est pas justes.
CHARLOTTE (seule).	BAYARD (fièrement)	MAURICE (relevant fièrement Jeannette & Charlotte).
Ah ! Seigneur, du pauvre Maurice,	J'aime qu'on prenne un ton plus doux ;	Que faites-vous ?
Daignais excuser le courroux ;		Y pensais-vous ?
Il gagne à Paris plus que tous ;	Même en demandant justice ;	Y pensais-vous ?
Et la peine qu'il prend voyais vous,		
Sa grand'mère en a le bénéfice.	Mais ne craignez point mon courroux.	D'être à génoux.
Ma Jeannette l'aime, entre nous,		Pour demandai justice.
Parcequ'il aime à rendre service.	Ma bonne, & vous mon cher Maurice.	Pour demandai justice.
Un bon fils devient bon époux.		
Appaisais-vous,	Rentrez chez vous,	Y pensais vous !
Appaisais-vous	Rentrez chez vous.	Y pensais-vous !

(On entraîne Maurice dans sa maison, & le Village rentre consterné.)

D 2

SCÈNE XVII.

BAYARD, *seul.*

Ce n'est point une étourderie de Page, c'est l'effet d'un amour ardent qui cherche à naître dans mon ame. Jeannette! Jeannette! Ce baiser, que je vous ai pris, n'est point encore effacé de mes levres; il passe peu-à-peu dans mon ame... Si mes soldats m'entendaient, quelle honte!..... Pourquoi?..... Ils sont hommes..... Ils m'excuseraient.....

SCÈNE XVIII.

BAYARD, THÉRESE, *traversant le théâtre en désordre & avec l'air effrayé.*

THERESE.

COUPLETS.

Ah! ah! Monseigneur,
Votre Page est un séducteur;
Dans les détours de la montagne
J'grimpons mes souliers à la main;
Mais v'lati pas qui m'accompagne

Comme s'il savoit le chemin ;
Quand j'vois qu'un buisson l'embarasse,
Moi j'en profite, & je le passe,
Il voudroit encor m'abuser
Avec queuque propos frivole ;
Mais moi je le laissons causer
Sans lui répondre une parole.
  Ah! ah! &c.

Quand il voit qu'ainsi je l'évite,
Vous croyez p-tét' qui m'suit d'plus près ;
Mais nenni : loin d'courir plus vite,
Voilà qui tombe par exprès.
J'me retourn' pour voir s'il s'ramasse ;
Ah! me dit-il, un moment, grace.
V'là qui parvient à m'abuser
Par une plainte aussi frivole ;
V'là que pour le laissai r'poser
J'm'arrête aussi sur sa parole.
  Ah! ah! &c.

Drès que j'eus donné dans l'embuscade,
Choisis, m'dit-il, presqu'en courroux,
De t'laisser prendre une embrassade,
Ou de m'bailler un rendez-vous.
Je n'veux pas repris-je qu'on m'embrasse,
Pour un rendez-vous, tantôt, passe,
J'nons pas eu tort de l'abuser
Par cette espérance frivole,
Il eût été sûr du baiser ;
Il ne l'est pas de ma parole.

BAYARD, *pensif.*

Volez vîte avant qu'il ne revienne, entre les bras de votre frère. Mon Page est étourdi, mais, il respectera cet azile.

(THÉRESE *rentre dans la maison de Charlotte qui semblait courir au-devant d'elle*).

SCÈNE XX.

BAYARD, *seul.*

Est-ce bien toi, Bayard! Autrefois tu ne réfléchissais pas pour savoir si une action était bonne ou mauvaise; ton incertitude est la preuve de ta faute. Pauvre malheureux! C'est moi qui suis cause qu'il a brisé son optique... Que vois-je? Encor mon nom sur ce tableau. (*il lit*) « Le Chevalier Bayard empêche de Piller la maison » d'un Gentilhomme de Bresse, & rend aux filles » de ce Gentilhomme, l'argent qu'il lui offrait en » remerciment de sa générosité »..... Ah! pour exciter dans mon ame le trouble & le remord, je n'avais pas besoin de cette leçon cruelle du hasard.

ARIETTE.

LA COUR m'attend... Plus j'en approche,
Plus je dois tenir à l'honneur;
Ce n'est rien d'être un Chevalier sans peur,
C'est tout de l'être sans reproche.

COMEDIE.

Qu'un soldat, qu'un simple guerrier
Du droit des gens à tout hazard dispose ;
Le front ceint d'un nouveau laurier,
Qu'il s'abaisse en passant à flétrir une rose.
Je ne descendrai point à ce droit meurtrier ;
Et quand Jeannette est si jolie,
Malgré l'attrait d'une douce folie
Je suis contraint de m'écrier :
La Cour, &c.

D'ailleurs Randan est mort, & sa veuve a des charmes
qui me rendent rival de nos premiers Seigneurs ;
Oserais-je m'offrir pour essuyer ses larmes,
Si de Jeannette ici j'avais causé les pleurs ?
La Cour m'attend, &c.

SCÈNE XXI.

BAYARD, PETIT-JEAN.

PETIT-JEAN.

Eh bien ! Seigneur ! . . . . .

BAYARD.

Tu me vois d'une émotion ! . . . . .

PETIT-JEAN.

J'entends, vous n'avez pas été si heureux que moi. J'ai poursuivi Thérèse, elle fuyait comme un éclair devant moi, mais je l'ai atteinte, &
&. . . . . .

BAYARD, *sévèrement.*

Eh bien! Monsieur.

PETIT-JEAN.

Eh bien! j'ai voulu l'embrasser.... elle à résisté, mais elle m'en a dédommagé en m'accordant un rendez-vous pour ce soir.

BAYARD, *souriant.*

Le joli rendez-vous qu'a là Petit-Jean! (*à part*) & voilà pourtant les effets de la persécution; voilà le fruit de mon perfide exemple, (*haut*) je suis d'une colere.....

PETIT-JEAN.

Ma foi Seigneur, vous devez l'être en effet de voir une petite fille comme Jeannette préférer à l'aveu galant d'un Chevalier tel que vous; l'amour grossier d'un homme comme Maurice, & à votre place.....

BAYARD, *vivement.*

Que ferais-tu?

PETIT-JEAN.

Ce que je ferais Morbleu! ce que je ferais! je ferais battre la générale..... je rassemblerais ma troupe sur cette place, & en sa présence je ferais une bonne peur aux meres pour leur rigidité; aux filles pour leur froide sagesse, & à Maurice pour sa prétention au courage.

COMEDIE.

BAYARD.

J'adopte une partie de ce conseil....

PETIT-JEAN.

Comme ils vont trembler !

BAYARD.

Petit-Jean, c'est toi que je charge d'emmener ici Jeannette, sa famille & Maurice.... Les coupables seront bien punis ! aux armes...
(*Au signal de Bayard on bat la générale, & les différens pelotons de sa troupe se rangent en haye au tour de la place*).

SCÈNE XXI. & dernière.

LES PRÉCÉDENTS, JEANNETTE, THÉRESE, CAROLINE, MAURICE, BEATRIX, VICTOR.

PETIT-JEAN.

Allons, allons vous vous êtes assez moquées de nous, Mesdames & Mesdemoiselles ; & toi, Maurice, tu vois à présent que la force peut mettre des bornes à la licence.....

JEANNETTE, *à genoux.*

« Monseigneur, n'opprimez point une malheureuse victime de l'infortune, dont vot génégosité doit ben plutot vous rendre le défenseur.

BAYARD.

« Levez-vous ma fille, vous sortirez de ce dernier entretien aussi sage & plus heureuse que quand vous êtes entrée pour le subir.... Prenez cette bourse..... Elle renferme cent écus d'or...... (*à Petit-Jean*) & nous, partons. »

JEANNETTE.

Ah ! Monseigneur, Ah ! ma mere !

VICTOR.

Ah ! ma cousine vous avez plus d'argent à vous toute seule qu'il n'y en a dans tout l'village.

PETIT-JEAN.

Je ne m'étonne pas s'il me plaisantait sur mon rendez-vous de ce soir ! Nous allons partir....

BAYARD.

« Et moi qui oubliais ce pauvre Maurice..... brave Garçon..... Rends Jeannette heureuse Rends la heureuse mon ami ; Voilà aussi cent écus pour les habits & pour les frais de ton mariage ; mais je te conjure au nom de Dieu de changer de rancune à bienveillance ; avec autant de plaisir que j'ai changé de vice à repentir. »

MAURICE, *à Bayard*.

Ah ! mon Seigneur telle étoit ma jalousie telle est ma reconnoissance.... Eh bien Caroline nous n'irons pas ton fils & moi à Paris, du moins pour cette année, j'allons écrire au pere de Jeannette de revenir tout de suite pour mettre fin à mon bonheur.

PETIT-JEAN.

Ma foi Monseigneur, quoiqu'ils m'ayent bien fait enrager, je suis bien content que vous ayez enrichi ces pauvres gens.

BAYARD.

« Ils n'étaient pas si pauvres que vous croyé, Petit-Jean. Vous ne savez donc pas ce que les peres laissent en héritage dans ces campagnes. »

PETIT-JEAN.

Eh ! que peuvent-ils laisser de considérable ?

BAYARD.

« Ce qui ne craint, ni le tems, ni la puissance humaine ; la sagesse & la vertu. »

CHARLOTTE.

Mais, Monseigneur, est ce que je n'pourrions pas savoir le nom de notre bienfaiteur ?

BAYARD.

Il n'est pas nécessaire.

PETIT-JEAN.

Oh ! pour cela Mesdames & Messieurs, le Chevalier Bayard est toujours fâché quand on le cite dans une belle action..... voilà pour lui apprendre à me frustrer de mon rendez-vous.

LES SAVOYARDES;

Tous.

Bayard ! Bayard ! Bayard !

Charlotte.

Le Bayard de la Cour !

Christine.

Quoi ! Le Bayard des guerres d'Italie.

Maurice.

Quoi ! Le Bayard de mon Optique !

Petit-Jean.

Oui mes amis c'est toujours le même. Le pere des malheureux.....

CHŒUR ET VAUDEVILLE.

Vive Bayard ! vive Bayard !
Honneur à chaque Belle
Du bon peuple Savoyard !
Que le tambour s'accorde avec la vielle ;
Des victoires de Bayard
C'est aujourd'hui la plus belle.

Petit-Jean.

Pour moi c'est contre mon envie
Qu'on quitte déjà ce séjour.
Hélas ! sans femme & sans amour
A quoi ressemble donc la vie ?
Le Roi l'a dit aux Bourtisans,
Et je retiens les bonnes choses.
« C'est une année où manque le printems,
» Un printems où manquent les roses ».

COMEDIE.
MAURICE.
Il faut un peu de jalousie,
Mais il en faut si peu que rien;
Sinon le plus tendre lien
Tient bientôt de la frénésie.
Quel est le sort de deux amans
Qui ne se passent nulles choses?
C'est une année, &c.
BAYARD.
Je porte envie à l'opulence,
Qui chez le pauvre tous les jours,
Peut prodiguer mille secours
Dont l'effet est la récompense.
Pour refuser les indigents
Lorsque j'ai de trop fortes causes...
C'est une année, &c.
PETIT-JEAN.
Messieurs, tandis qu'à tel ouvrage
Vous souriez complaisamment,
Tel autre à ce sexe charmant
Semble plaire encor davantage;
Mais quand vos applaudissements
S'unissent par les mêmes causes,
C'est pour Thalie un éternel printems,
C'est un printems fertile en roses.
CHŒUR.
Vive Bayard! vive Bayard!
Honneur à chaque Belle
Du bon peuple Savoyard!
Que le tambour s'accorde avec la vielle;
Des victoires de Bayard
C'est aujourd'hui la plus belle.

www.ingramcontent.com/pod-product-compliance
Lightning Source LLC
LaVergne TN
LVHW022123080426
835511LV00007B/996